원고지 쓰기를 겸한
글씨 바로 쓰기

3-1

편집부편

와이 앤 엠

차 례

● 봄의 길목에서 4

● 공 튀는 소리 10

원고지 쓰기(1. 제목 쓰기) 20

원고지 쓰기(2. 소속 쓰기) 22

원고지 쓰기(3. 시의 본문 쓰기

쓰기) 24

● 바삭바삭 갈매기 26

원고지 쓰기(4. 본문 쓰기 1) 54

원고지 쓰기(5. 앞칸 비우기) 56

● 으악, 도깨비다 58

원고지 쓰기(6. 본문 쓰기 2) 88

● 편지글-나리에게 92

● 편지글-할아버지께 102

원고지 쓰기(7. 끝칸 쓰기) 108

● 오성과 한음 111

원고지 쓰기(8. 대화 쓰기1) 124

원고지 쓰기(9. 대화 쓰기 2) 126

원고지 쓰기를 겸한

글씨 바로 쓰기

3-1

글을 읽고 다음에 예쁘게 따라 써 봅시다.

국어 가-31쪽

봄의 길목에서

우남희

겨울 끝자락
봄의 길목

가거라! 가거라!
안 된다! 안 된다!

봄바람이
겨울바람과
밀고 당기기를 합니다.

그러는 사이
풀밭에 떨어진 노란 단추

민
들
레
꽃.

교과서 따라 쓰기 글은
'원지쓰는 법'에 따라 쓴
글입니다.

봄의　길목에서

겨울　끝자락

봄의　길목

가거라！　가거라！

6

안 된다! 　안
안 된다! 　안

된다!
된다!

봄바람이
봄바람이

겨울바람과

7

글씨를 예쁘게 따라 써 봅시다.

겨울바람과

밀고　당기기를
밀고　당기기를

합니다.
합니다.

그러는　사이
그러는　사이

풀밭에 떨어진

노란 단추

민

들

글을 읽고 다음에 예쁘게 따라 써 봅시다.

국어 가-38쪽

공 튀는 소리

신형건

이틀째 앓아누워

학교에 못 갔는데, 누가 벌써

학교 갔다 돌아왔는지

골목에서 공 튀는 소리 들린다.

탕탕-

땅바닥을 두들기고

탕탕탕-

담벼락을 두들기고

탕탕탕탕-

꽉 닫힌 창문을 두들기며

골목 가득 울리는

소리

내 방 안까지 들어와

이리 튕기고 저리 튕겨 다닌다.

까무룩 또 잠들려는 나를

뒤흔들어 깨우고는, 내 몸속까지

튀어 들어와 탕탕탕-

내 맥박을 두들긴다.

글씨를 예쁘게 따라 써 봅시다.

교과서 따라 쓰기 글은 '원지쓰는 법'에 따라 쓴 글입니다.

공 튀는 소리

공 튀는 소리

신형건

신형건

이틀째 앓아누워

이틀째 앓아누워

학교에 못 갔는

학교에 못 갔는

데, 누가 벌써
데, 누가 벌써

학교 갔다 돌아
학교 갔다 돌아

왔는지
왔는지

골목에서 공 튀
골목에서 공 튀

는 소리 들린다.

글씨를 예쁘게 따라 써 봅시다.

는 소리 들린다.

탕탕 –
탕탕 –

땅바닥을 두들기
땅바닥을 두들기

고
고

14

탕탕탕 —
탕탕탕 —

담벼락을 두들기
담벼락을 두들기

고
고

탕탕탕탕 —
탕탕탕탕 —

꽉 닫힌 창문을

두들기며

골목 가득 울리

는

소리

소리

내 방 안까지
내 방 안까지

들어와
들어와

이리 튕기고 저
이리 튕기고 저

글씨를 예쁘게 따라 써 봅시다.

리 튕겨 다닌다.

까무룩 또 잠들

려는 나를

뒤흔들어 깨우고

18

는, 내 몸속까지

튀어 들어와 탕

탕탕-

내 맥박을 두들

긴다.

원고지 쓰기

1.제목 쓰기

제목은 첫째 줄을 비우고 둘째 줄의 중앙에 씁니다.

예1 (0)

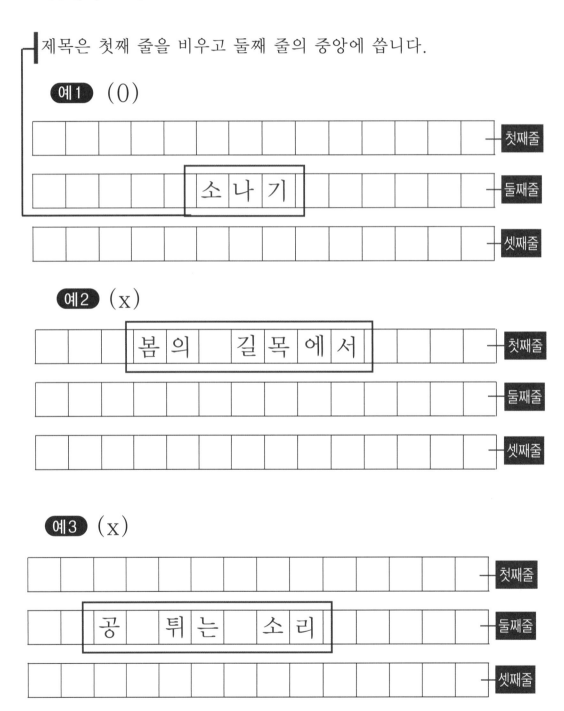

예2 (x)

예3 (x)

글의 종류는 첫째 줄에서 한 칸을 들여씁니다.

예1 (0)

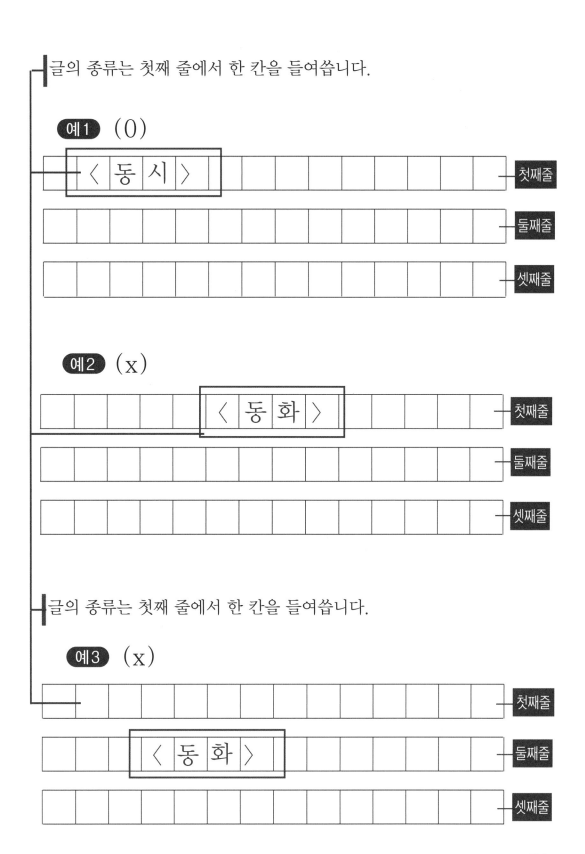

＜ 동 시 ＞   첫째줄

둘째줄

셋째줄

예2 (x)

＜ 동 화 ＞   첫째줄

둘째줄

셋째줄

글의 종류는 첫째 줄에서 한 칸을 들여씁니다.

예3 (x)

첫째줄

＜ 동 화 ＞   둘째줄

셋째줄

21

원고지 쓰기

2.소속 쓰기

학교, 반, 이름 등은 제목 아래서 한 줄 비우고 다음 칸에 씁니다. 이때 왼쪽 두 칸을 비우도록 합니다.

예1

| | | 봄 | 의 | | 길 | 목 | 에 | 서 | | | | 제목 |

| | | 글 | | 정 | 용 | 원 | | | | 소속 |

| | 겨 | 울 | | 끝 | 자 | 락 | | | | 본문 |

예2

| | | 아 | 씨 | 방 | | 일 | 곱 | | 동 | 무 | | 제목 |

| | | | | | 이 | 영 | 경 | | | 소속 |

22

예3

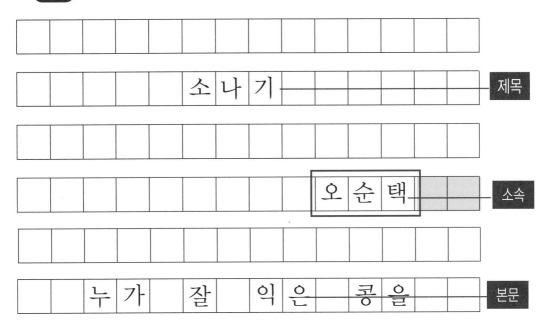

제목: 소나기

소속: 오순택

본문: 누가 잘 익은 콩을

예4

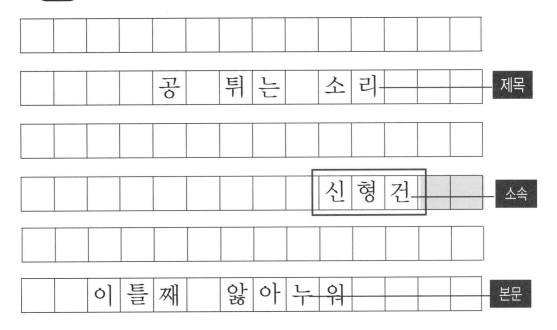

제목: 공 튀는 소리

소속: 신형건

본문: 이틀째 앓아누워

3.시의 본문 쓰기

동시는 두 칸을 들여 씁니다.

예 1

					소	나	기				
						오	순	택			
		누	가		잘		익	은		콩	을
		저	렇	게		쏟	고		있	나	
		또	로	록		마	당		가	득	
		실	로	폰		소	리		난	다	

첫째칸

둘째칸

동시는 두 칸을 들여 씁니다.

예2

		봄	의		길	목	에	서			

							우	남	희		

		겨	울		끝	자	락				

첫째칸

		봄	의		길	목					

둘째칸

		가	거	라	!		가	거	라	!	

		안		된	다	!		안		된	다	!

		봄	바	람	이						

		겨	울	바	람	과					

25

글을 읽고 다음에 예쁘게 따라 써 봅시다.

국어 가-40쪽

바삭바삭 갈매기

전민걸

나는 갈매기야.

큰 바위섬에 살고 있지. 파란 하늘과 구름은 언제 봐도 좋아.

따뜻한 바람이 불면 높이 날아올라 물고기 떼를 찾고, 배가 부르면 친구들과 모여서 수다를 떨지.

잡은 물고기를 먹는 것도 아주 좋아해.

적어도 그때까지는 그랬어.

"뿌우우우우웅!"

어느 날, 큰 배가 바위섬으로 다가왔어.

"쿵작 뽕짝 띠리리라라."

노랫소리와 함께 큰 배가 바위섬 옆을 지났지.

소리를 지르고, 손을 흔들고, 뽀뽀를 하고, 노래를 부르는 많은 사람이 있었어.

큰 배 뒤쪽에서는 아이들이 무언가를 던지고 있었어.

툭툭! 바스락!

어, 이게 뭐지?

콕콕 쪼아 봤어.

짭조름하고 고소한 냄새에 코끝이 찡했어.

조심스럽게 한 입 깨물어 보았지.

와그작.

바삭!바삭!

"꺄아악!"

이······이 맛은 뭐지?

그건 마치 훌쩍 날아오른 뒤에 바다 한쪽이 "쿵!" 무너져 내린 거대한 구멍 속으로 바닷물과 함께 빨려 드는 느낌이었어.

바삭! 바삭!

"더 먹고 싶어!"

우리는 큰 배를 따라 날았어.

사람들이 던져 주는 바삭바삭을 먹기 위해서는 배에 바짝 붙어서 날아야 했지.

고등어 떼를 잡을 때와는 달랐어.

한 개라도 더 먹기 위해 우리는 싸우듯 날았어.

정신없이 먹다 보니 어느새 사람들 마을이었어.

큰 배에서는 더 이상 바삭바삭이 나오지 않았지.

"짭조름하고 고소해!"

"물고기처럼 비린내도 안 나고, 물컹하지도 않아!"

"끼룩! 더 먹고 싶어!"

우리는 바삭바삭 이야기로 정신이 없었어.

우리는 한동안 바삭바삭을 맛볼 수 없었지만, 잊을 수가 없었어.

사람들 마을 이곳저곳을 찾아다녔지.

비슷해 보이는 것은 앞다투어 깨물어 보았고, 운이

좋으면 부스러기 같은 것을 발견할 때도 있었어.

때로는 부둣가에 모여 소리쳤어.

"꺄악! 깍! 끼룩! 끽!"

사람들은 먹다 남은 생선 대가리 같은 것만 던져 줬어.

그건 끈적거리고 비린내만 나지, 맛이 없었어.

자꾸만 화가 났어.

"고소하고 짭조름하고 바삭바삭한 그걸 달라고!"

달이 밝은 어느 날 밤에 난 사람들이 살고 있는 마을 깊

숙히 들어갔어.

어디선가 고소하고 짭쪼름한 냄새가 나는 것 같았거든.

깊은 골목 안쪽에서 크고 살찐 개를 만났어. 개를 묶고 있는 쇠사슬은 꽤나 무거워 보였어.

"고소하고 짭조름한 맛이 나고 요렇게 생긴 거 못 봤어? 바삭바삭 소리도 나는데………"

그 개는 별로 가르쳐 주고 싶지 않은 것 같았어.

큰 개가 사납게 짖어 댔지만 결국 바삭바삭이 있는 곳을 알게 해 줬지.

나는 정말 행복했어.

바삭바삭이를 꽉 물고 달렸어.

달리고 달렸어.

✏️ 글씨를 예쁘게 따라 써 봅시다.

교과서 따라 쓰기 글은 '원지쓰는 법'에 따라 쓴 글입니다.

바사바삭 갈매기

전민걸

나는 갈매기야.

큰 바위섬에 살고

31

글씨를 예쁘게 따라 써 봅시다.

있지. 파란 하늘과
있지. 파란 하늘과

구름은 언제 봐도
구름은 언제 봐도

좋아.
좋아.

따뜻한 바람이 불
따뜻한 바람이 불

면 높이 날아올라

면 높이 날아올라

물고기 떼를 찾고,
물고기 떼를 찾고,

배가 부르면 친구들
배가 부르면 친구들

과 모여서 수다를
과 모여서 수다를

떨지.
떨지.

잡은 물고기를 먹

는 것도 아주 좋아

해.

적어도 그때까지는

문장이 줄의 끝에서 끝나고, 부호를 써야 할 때는 끝난 문장의 원고지 밖에 쓰거나 끝칸에 글과 함께 써도 됩니다.

그랬어.

그랬어.

"뿌우우우우웅!"

"뿌우우우우웅!"

어느 날, 큰 배가

어느 날, 큰 배가

바위섬으로 다가왔어.

바위섬으로 다가왔어.

"쿵짝 뿡짝 띠리

35

글씨를 예쁘게 따라 써 봅시다.

	리 라 라 라 . "			
	노 랫 소 리 와	함 께		
	노 랫 소 리 와	함 께		

큰	배 가	바 위 섬	옆
큰	배 가	바 위 섬	옆

을	지 났 지 .	소 리 를
을	지 났 지 .	소 리 를

지 르 고 ,	손 을	흔 들 고	.
지 르 고 ,	손 을	흔 들 고	.

뽀뽀를 하고, 노래를
뽀뽀를 하고, 노래를

부르는 많은 사람이
부르는 많은 사람이

있었어.
있었어.

큰 배 뒤쪽에서는
큰 배 뒤쪽에서는

글씨를 예쁘게 따라 써 봅시다.

아이들이 무언가를
아이들이 무언가를

던지고 있었어.
던지고 있었어.

툭툭! 바스락!
툭툭! 바스락!

어, 이게 뭐지?
어, 이게 뭐지?

콕콕 쪼아 봤어.

콕콕 쪼아 봤어.

짭쪼름하고 고소한
짭쪼름하고 고소한

냄새에 코끝이 찡했
냄새에 코끝이 찡했

어.
어.

조심스럽게 한 입
조심스럽게 한 입

글씨를 예쁘게 따라 써 봅시다.

깨물어 보았지.

깨물어 보았지.

와그작.

와그작.

바삭! 바삭!

바삭! 바삭!

"꺄아악!"

"꺄아악!"

이⋯⋯이 맛은 뭐
이⋯⋯이 맛은 뭐

지? 지?

그건 마치 훌쩍
그건 마치 훌쩍

날아오른 뒤에 바다
날아오른 뒤에 바다

한쪽이 "쿵!" 무

글씨를 예쁘게 따라 써 봅시다.

한 쪽이 "쿵!" 무
너 져 내린 거대한
너 져 내린 거대한
구 멍 속으로 바닷물
구 멍 속으로 바닷물
과 함 께 빨려 드는
과 함 께 빨려 드는
느 낌이었어.
느 낌이었어.

바삭! 바삭!

바삭! 바삭!

"더 먹고 싶어!"

"더 먹고 싶어!"

우리는 큰 배를

우리는 큰 배를

따라 날았어.

따라 날았어.

43

	사	람	들	이		던	져		주
	사	람	들	이		던	져		주
는		바	삭	바	삭	을		먹	기
는		바	삭	바	삭	을		먹	기
위	해	서	는		배	에		바	짝
위	해	서	는		배	에		바	짝
붙	어	서		날	아	야		했	지
붙	어	서		날	아	야		했	지
	고	등	어		떼	를		잡	을

44

고등어 떼를 잡을

때와는 달랐어.

때와는 달랐어.

한 개라도 더 먹

한 개라도 더 먹

기 위해 우리는 싸

기 위해 우리는 싸

우듯 날았어.

우듯 날았어.

글씨를 예쁘게 따라 써 봅시다.

정신없이 떡다 보
정신없이 떡다 보

니 어느새 사람들
니 어느새 사람들

마을이었어.
마을이었어.

큰 배에서는 더
큰 배에서는 더

46

이상 바삭바삭이 나

이상 바삭바삭이 나

오지 않았지.

오지 않았지.

"짭조름하고 고소

"짭조름하고 고소

해!"

해!"

"물고기처럼 비린

"물고기처럼 비린

내도 안 나고, 물

컹하지도 않아!"

"끼룩! 더 먹고

싶어!"

우리는　바삭바삭
우리는　바삭바삭

이야기로　정신이　없
이야기로　정신이　없

었어.
었어.

우리는　한동안　바
우리는　한동안　바

글씨를 예쁘게 따라 써 봅시다.

삭바삭을 맛볼 수
삭바삭을 맛볼 수

없었지만, 잊을 수가
없었지만, 잊을 수가

없었어.
없었어.

사람들 마을 이곳
사람들 마을 이곳

저곳을 찾아다녔지.

저곳을 찾아다녔지.

비슷해 보이는 것은
비슷해 보이는 것은

앞다투어 깨물어 보
앞다투어 깨물어 보

았고, 운이 좋으면
았고, 운이 좋으면

부스러기 같은 것을
부스러기 같은 것을

글씨를 예쁘게 따라 써 봅시다.

발견할 때도 있었어.
발견할 때도 있었어.

때로는 부둣가에
때로는 부둣가에

모여 소리쳤어.
모여 소리쳤어.

"까악! 깍! 끼
"까악! 깍! 끼

문장이 줄의 끝에서 끝나고, 부호를 써
할 때는 끝난 문장의 원고지 밖에 쓰거
나 끝칸에 글과 함께 써도 됩니다.

룩 ! 끽 ! "

사람들은 먹다 남

은 생선 대가리 같

은 것만 던져 줬어.

그건 끈적거리고

53

4. 본문 쓰기(1)

> 본문은 소속 다음에 한 줄 띄어 쓰며, 이때 첫째 칸을 비우고 둘째 칸부터 씁니다.

예1 (0)

		바	삭	바	삭		갈	매	기		

제목

								전	민	걸	

소속

	나	는		갈	매	기	야	.		
	큰		바	위	섬	에		살	고		있	지	.
파	란		하	늘	과		구	름	은		언	제
봐	도		좋	아	.					
	따	뜻	한		바	람	이		불	면		높	이
날	아	올	라		물	고	기		떼	를		찾	고

본문

54

원고지 쓰기

글자는 한 칸에 한 자씩만 씁니다.

예2 (x)

| | | 바 | 삭 | 바 | 삭 | | 갈 | 매 | 기 | | 제목 |

| | | | | | | | | | | |

| | | | | | | | 전 | 민 | 걸 | | 소속 |

| | | | | | | | | | | |

| | 나 | 는 | | 갈 | 매 | 기 | 야 | . | | |

| | 큰 | | 바 | 위 | 섬 | 에 | 살고 | | 있 | 지 | . | 파 |

| 란 | | 하 | 늘 | 과 | | 구 | 름 | 은 | | 언 | 제 | | 봐 | 본문 |

| 도 | | 좋 | 아. | | | | | | | |

| | 따 | 뜻 | 한 | | 바 | 람 | 이 | | 불 | 면 | | 높 | 이 |

| 날 | 아 | 올 | 라 | | 물 | 고 | 기 | | 떼 | 를 | | 찾 | 고 |

55

5. 앞칸 비우기

문장이 처음 시작될 때, 첫째 칸을 비우고 둘째 칸부터 씁니다.

예1 (O)

	우	리	는		한	동	안		바	삭	바	삭	을
맛	볼		수		없	었	지	만	,		잇	을		수
가		없	었	어	.								

문단이 바뀌어 다음 문단이 시작할 때도 첫째 칸을 비우고 둘째 칸부터 씁니다. 이때 앞 문단의 빈칸은 채우지 않고 비워둡니다.

예2 (O)

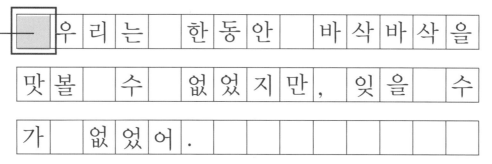

예3 (O)

할		수	가		없	었	어	.					

사람들 마을 이곳저곳을
찾아다녔지.

여기서 셋째 줄의 '그건..'은 문단이 바뀌므로 넷째 줄의 둘째 칸에서부터 써야 합니다.

예1 (x)

곳의 마을 사람들은 먹다
남겨진 생선 대가리 같은
것만 던져 줬어.
그건 끈적거리고 비린내만
났지, 맛이 없었어.

예2 (0)

곳의 마을 사람들은 먹다
남겨진 생선 대가리 같은
것만 던져 줬어.
　그건 끈적거리고 비린내만
났지, 맛이 없었어.

글을 읽고 다음에 예쁘게 따라 써 봅시다.

국어 가-50쪽

으악, 도깨비다!

손정원

기차 타고 쿨쿨, 버스 타고 털털, 다시 타박타박 반나절을 가면 바람만 아는 깊은 산골에 장승 마을이 있어요.

이곳에 장승 친구들이 살고 있지요.

지루한 한낮, 멋쟁이 장승이 뻐드렁니 장승을 놀렸어요.

"하하, 넌 이가 뻐드러져 수박 먹기 좋겠다."

뻐드렁니가 눈을 흘기면서 말했어요.

"그럼 수박 좀 가져와 봐. 이 '잘난 척 왕자' 야!"

그러자 낮잠을 자던 퉁눈이 장승이 소리를 질렀어요.

"아휴, 시끄러워. 낮잠 좀 자게 조용히 해."

하지만 밤이 되면 장승 친구들은 신바람이 나요. 팔다리가 생겨 마음껏 뛰어놀 수 있거든요. 날아서 훨훨, 헤엄치며 첨벙첨벙.

58

그렇지만 날이 밝기 전에 꼭 제자리로 돌아와야 해요.
그 약속을 어기면 다시는 움직일 수 없게 되니까요.
장승 친구들은 환한 보름달 아래에서 숨바꼭질도 해요.
"꼭꼭 숨어라. 머리카락 보인다."
"야, 이빨 보인다."
"아이고, 넌 배꼽 보여."
"주먹코도 보인다!"
별빛처럼 맑은 웃음소리가 밤하늘을 수놓아요.
장승 친구들은 날이 밝는 줄도 몰랐어요.

"꼬끼오!"

멀리서 새벽닭 소리가 들려오자 뻐드렁니가 소리쳤어요.

"벌써 아침이야! 빨리 돌아가지 않으면 여기서 꼼짝 못하게 돼!"

모두들 정신없이 달렸어요.

그런데 멋쟁이가 보이지 않아요. 어디에 있는 걸까요?

멋쟁이는 잘난 척하고 꼭꼭 숨어 있다가 그만 날이 밝은 줄도 모른 거예요.

멋쟁이는 이제 밤이 되어도 움직일 수 없게 되었어요.

친구들이 밤마다 놀러 왔지만 멋쟁이는 조금도 즐겁지 않았어요.

뻐드렁니가 '잘난 척 왕자'라고 약을 올려도 대꾸도 하지 않고 한숨만 푹푹 내쉬었지요.

어느 날, 멋쟁이는 물에 비친 제 얼굴을 보고 깜짝 놀랐어요.

멋쟁이의 얼굴은 곰팡이도 슬고 조금씩 썩어 가고 있었거든요.

"내 얼굴이 왜 이렇게 됐지? 정말 이상해졌잖아!"

멋쟁이는 엉엉 울고 말았어요.

며칠이 지난 뒤, 멋쟁이한테 놀러 갔던 짱구가 헐레벌떡 달려와서 말했어요.

"없어졌어. 멋쟁이가 감쪽같이 사라져 버렸어!"

"뭐라고? 어떻게 된 거지?"

모두들 놀랐어요.

짱구가 말했어요.

"사람들이 자꾸 옹기를 가져가더니 멋쟁이도 데려간 것 같아."

"빨리 도망가자! 안 그러면 우리도 멋쟁이처럼 잡혀갈 거야."

퉁눈이가 주먹을 불끈 쥐고 대답했어요.

"그럼 멋쟁이를 그냥 내버려 두자는 말이야?"

✎ 글씨를 예쁘게 따라 써 봅시다.

으악, 도깨비다!

손정원

기차 타고 쿨쿨,

버스 타고 털털, 다

시 타박타박 반나절

을 가면 바람만 아

는 깊은 산골에 장

승 마을이 있어요.

이곳에 장승 친구

글씨를 예쁘게 따라 써 봅시다.

이곳에 장승 친구

들이 살고 있지요.

지루한 한낮, 멋쟁

이 장승이 뻐드렁니

장승을 놀렸어요.

"하하, 넌 이가

뻐드러져 수박 먹

기 좋겠다."

뻐드렁니가 눈을

글씨를 예쁘게 따라 써 봅시다.

흘기면서 말했어요.
흘기면서 말했어요.

"그럼 수박 좀
"그럼 수박 좀

가져와 봐, 이 '잘
가져와 봐, 이 '잘

난 척 왕자' 야!"
난 척 왕자' 야!"

그러자 낮잠을 자

66

그리자 낮잠을 자

던 통눈이 장승이
던 통눈이 장승이

소리를 질렀어요.
소리를 질렀어요.

"아휴, 시끄러워,
"아휴, 시끄러워,

낮잠 좀 자게 조
낮잠 좀 자게 조

용히　해."
용히　해."

하지만　밤이　되면
하지만　밤이　되면

장승　친구들은　신바
장승　친구들은　신바

람이　나요. 팔다리가
람이　나요. 팔다리가

생겨 마음껏 뛰어놀

생겨 마음껏 뛰어놀

수 있거든요. 날아서

수 있거든요. 날아서

훨훨, 헤엄치며 첨벙

훨훨, 헤엄치며 첨벙

첨벙.

첨벙.

그렇지만 날이 밝

그렇지만 날이 밝

기 전에 꼭 제자리

기 전에 꼭 제자리

로 돌아와야 해요.

로 돌아와야 해요.

그 약속을 어기면

그 약속을 어기면

다시는 움직일 수

다시는 움직일 수

없게 되니까요.

장승 친구들은 환

한 보름달 아래에서

숨바꼭질도 해요.

"꼭꼭 숨어라. 머
"꼭꼭 숨어라. 머

리카락 보인다. "
리카락 보인다. "

"야, 이빨 보인다."
"야, 이빨 보인다."

"아이고, 넌 배꼽
"아이고, 넌 배꼽

보여. "

보여."

"주먹코도　보인다!"
"주먹코도　보인다!"

별빛처럼　맑은　웃
별빛처럼　맑은　웃

음소리가　밤하늘을
음소리가　밤하늘을

수놓아요.
수놓아요.

글씨를 예쁘게 따라 써 봅시다.

장승　　친구들은　　날

이　밝는　줄도　몰랐

어요.

"꼬끼오!"

74

멀리서 새벽닭 소

리가 들려오자 삐드

렁니가 소리쳤어요.

"벌써 아침이야!

빨리 돌아가지 않

빨리 돌아가지 않

으면 여기서 꼼짝
으면 여기서 꼼짝

못 하게 돼! ”
못 하게 돼! ”

모두들 정신없이
모두들 정신없이

달렸어요.
달렸어요.

그런데 멋쟁이가
그런데 멋쟁이가

보이지 않아요. 어디
보이지 않아요. 어디

에 있는 걸까요?
에 있는 걸까요?

멋쟁이는 잘난 척
멋쟁이는 잘난 척

글씨를 예쁘게 따라 써 봅시다.

하	고		꼭	꼭		숨	어		있
하	고		꼭	꼭		숨	어		있
다	가		그	만		날	이		밝
다	가		그	만		날	이		밝
은		줄	도		모	른		거	예
은		줄	도		모	른		거	예
요	.								
요	.								
	멋	쟁	이	는			이	제	밤

78

멋쟁이는 이제 밤

이 되어도 움직일

수 없게 되었어요.

친구들이 밤마다

놀러 왔지만 멋쟁이

글씨를 예쁘게 따라 써 봅시다.

는　조금도　즐겁지

않았어요.

뻐드렁니가　'잘난

척　왕자'라고　약을

올려도 대구도 하지

올려도 대구도 하지

않고 한숨만 푹푹

않고 한숨만 푹푹

내쉬었지요.

내쉬었지요.

어느 날, 멋쟁이는

어느 날, 멋쟁이는

물에 비친 제 얼굴

글씨를 예쁘게 따라 써 봅시다.

물	에		비	친		제		얼	굴

을		보	고		깜	짝		놀	랐
을		보	고		깜	짝		놀	랐

어	요	.							
어	요	.							

	멋	쟁	이	의		얼	굴	은	
	멋	쟁	이	의		얼	굴	은	

곰	팡	이	도		슬	고		조	금
곰	팡	이	도		슬	고		조	금

씩 썩어 가고 있었

거든요.

"내 얼굴이 왜

이렇게 됐지? 정

글씨를 예쁘게 따라 써 봅시다.

말		이상해졌잖아!"
말		이상해졌잖아!"
멋쟁이는		엉엉	울
멋쟁이는		엉엉	울
고	말았어요.	
고	말았어요.	
며칠이	지난	뒤,
며칠이	지난	뒤,
멋쟁이한테	놀러	갔

84

멋쟁이한테 놀러 갔

던 짱구가 헐레벌떡

던 짱구가 헐레벌떡

달려와서 말했어요.

달려와서 말했어요.

"없어졌어. 멋쟁이

"없어졌어. 멋쟁이

가 감쪽같이 사라

가 감쪽같이 사라

글씨를 예쁘게 따라 써 봅시다.

져　버렸어！”
져　버렸어！”

“뭐라고？　어떻게
“뭐라고？　어떻게

된　거지？”
된　거지？”

모두들　놀랐어요.
모두들　놀랐어요.

짱구가 말했어요.

"사람들이 자꾸

옹기를 가져가더니

멋쟁이도 데려간

것 같아."

6. 본문 쓰기(2)

끝 칸에서 낱말이 끝나고 한 칸을 띄어야 할 때도 첫째 칸을 채워 씁니다.

예1 (O)

	기	차		따	고		쿨	쿨	,	버	스		타
고		털	털	,	다	시		타	박	타	박		반
나	절	을		가	면		바	람	만	이		아	는	v
깊	은		산	골	에		장	승		마	을	이	

예2와 같은 경우에 '깊은'을 쓸 때 첫째 칸을 띄면 안 됩니다. 그것은 원고지 끝에서 낱말이 끝나서 띄어야 할 때라도 줄을 바꿀 때는 첫칸을 비우면 안 되기 때문입니다.

예2 (x)

	기	차		따	고		쿨	쿨	,	버	스		타
고		털	털	,	다	시		타	박	타	박		반
나	절	을		가	면		바	람	만	이		아	는
	깊	은		산	골	에		장	승		마	을	이

이야기가 바뀌고(문단이 바뀌고) 다른 내용이 시작할 때도 첫째 칸은 비웁니다. 예3에서도 '모두들, 그런데'를 쓸 때 첫째 칸을 비우고 둘째 칸부터 써야 합니다.

예3 (x)

	"	벌	써		아	침	이	야	!		빨	리
돌	아	가	지		않	으	면		여	기	서		꼼
짝		못		하	게		돼	!	"			
모	두	들		정	신	없	이		달	렸	어	요	.
그	런	데		멋	쟁	이	가		보	이	지		않
아	요	.	어	디	에		있	는		걸	까	요	?

예4 (0)

	"	벌	써		아	침	이	야	!		빨	리
돌	아	가	지		않	으	면		여	기	서		꼼
짝		못		하	게		돼	!	"			
	모	두	들		정	신	없	이		달	렸	어	요	.
	그	런	데		멋	쟁	이	가		보	이	지
않	아	요	.	어	디	에		있	는		걸	까	요	?

89

이야기가 바뀌고(문단이 바뀌고) 다른 내용이 시작할 때에도 첫째 칸은 비웁니다. 예1에서도 '부리로'를 쓸 때 첫째 칸을 비우고 둘째 칸부터 써야 맞습니다.

예1 (x)

많	이		있	습	니	다	.	이	가		없	는	
동	물	도		저	마	다		다	른		방	법	으
로		먹	이	를		먹	습	니	다	.			
부	리	로		먹	이	를		먹	는		동	물	이
있	습	니	다	.	독	수	리	는		튼	튼	하	고
끝	이		갈	고	리	처	럼		구	부	리	진	

예2 (0)

많	이		있	습	니	다	.	이	가		없	는	
동	물	도		저	마	다		다	른		방	법	으
로		먹	이	를		먹	습	니	다	.			
	부	리	로		먹	이	를		먹	는		동	물
이		있	습	니	다	.	독	수	리	는		튼	튼
하	고		끝	이		갈	고	리	처	럼		구	부

예3 (x)

	큰		바	위	섬	에		살	고		있	지	.
파	란		하	늘	과		구	름	은		언	제	
봐	도		좋	아	.								
따	뜻	한		바	람	이		불	면		높	이	
날	아	올	라		물	고	기		떼	를		찾	고	.
배	가		부	르	면		친	구	들	과		모	여
서		수	다	를		떨	지	.					

예3 (x)

	큰		바	위	섬	에		살	고		있	지	.
파	란		하	늘	과		구	름	은		언	제	
봐	도		좋	아	.								
	따	뜻	한		바	람	이		불	면		높	이
날	아	올	라		물	고	기		떼	를		찾	고	.
배	가		부	르	면		친	구	들	과		모	여
서		수	다	를		떨	지	.					

글을 읽고 다음에 예쁘게 따라 써 봅시다.

국어 가-115쪽

나리에게

나리야, 안녕? 나 민경이야.

나리야. 어제 네가 내 가방을 들어 주어서 고마웠어. 내가 손을 다쳐서 가방을 어떻게 들까 걱정했는데 네가 와서 도와준다고 했을 때 정말 기뻤어. 그런데 어제는 고맙다는 말을 제대로 하지 못해서 이렇게 편지를 써.

지난 체육 시간에 너와 달리기 경주를 해서 내가 졌잖아. 달리기만큼은 자신 있었는데 내가 지니까 많이 속상했어. 그래서 그동안 너한데 말도 제대로 하지 않았어. 그런데 너는 오히려 나를 걱정해 주고 가방도 들어 주어서 미안했어.

나리야, 고마워! 너는 운동도 잘하고, 마음도 참 따뜻한 멋진 친구야. 앞으로도 친하게 지내자. 안녕.

20ㅇㅇ년 4월 13일

민정이가

글씨를 예쁘게 따라 써 봅시다.

나 리 에 게
나 리 에 게

나 리 야 , 안 녕 ? 나
나 리 야 , 안 녕 ? 나

민 경 이 야 .
민 경 이 야 .

나 리 야 , 어 제 네 가
나 리 야 , 어 제 네 가

내 가방을 들어 주

어서 고마웠어. 내가

손을 다쳐서 가방을

어떻게 들까 걱정했

는데 네가 와서 도

는데 네가 와서 도

와 준다고 했을 때
와 준다고 했을 때

정말 기뻤어. 그런데
정말 기뻤어. 그런데

어제는 고맙다는 말
어제는 고맙다는 말

을 제대로 하지 못
을 제대로 하지 못

해서 　 이렇게 　 편지를

써.

　 지난 　 체육 　 시간에

너와 　 달리기 　 경주를

97

해서　내가　졌잖아.

해서　내가　졌잖아.

달리기만큼은　자신

달리기만큼은　자신

있었는데　내가　지니

있었는데　내가　지니

까　많이　속상했어.

까　많이　속상했어.

그래서　그동안　너한

그래서 그동안 너한

테 말도 제대로 하

지 않았어. 그런데

너는 오히려 나를

걱정해 주고 가방도

들어 주어서 미안했
어.

나리야, 고마워!

너는 운동도 잘하

고, 마음도 참 따뜻

한 멋진 친구야. 앞

으로도 친하게 지내

자. 안녕.

2000년 4월 13일

글을 읽고 다음에 예쁘게 따라 써 봅시다.

국어 가-115쪽

할아버지, 그동안 안녕하셨어요?

할아버지, 생신 축하드려요.

할아버지 댁에 가면 항상 반갑게 맞아 주시고, 재미있는 이야기도 많이 들려주셔서 감사합니다.

작년 할아버지 생신에는 제가 다리를 다쳐서 찾아뵙지 못해 많이 아쉬웠어요. 그런데 이번 생신에는 가족 모두 모여서 즐거운 시간을 보낼 수 있어서 정말 기뻐요.

할아버지, 다시 한번 생신 축하드려요. 항상 건강하시길 바랄게요.

2000년 4월 14일

손자 정혁 올림

글씨를 예쁘게 따라 써 봅시다.

할아버지, 그동안
할아버지, 그동안

안녕하셨어요?
안녕하셨어요?

할아버지, 생신   축
할아버지, 생신   축

하드려요.
하드려요.

글씨를 예쁘게 따라 써 봅시다.

할아버지 댁에 가
면 항상 반갑게 맞
아 주시고, 재미있는
이야기도 많이 들려
주셔서 감사합니다.

주셔서 감사합니다.

작년 할아버지 생
작년 할아버지 생

신에는 제가 다리를
신에는 제가 다리를

다쳐서 찾아뵙지 못
다쳐서 찾아뵙지 못

해 많이 아쉬웠어요,
해 많이 아쉬웠어요,

그런데 이번 생신

에는 가족 모두 모

여서 즐거운 시간을

보낼 수 있어서 정

106

말 기뻐요.

할아버지, 다시 한

번 생신 축하드려요.

항상 건강하시길

바랄게요.

6. 끝칸 쓰기

낱말이 줄의 끝에서 끝나고 부호를 써야할 때, 원고지 밖에 쓰던가 끝칸의 글자와 같이 씁니다. 이때 원고지 밖에 띄어쓰기 표시를 해도 됩니다.

예1 (x)

	모	두	들		정	신	없	이		달	렸	어	요.
v	그	런	데		멋	쟁	이	가		보	이	지	
않	아	요.		어	디	에		있	는		걸	까	요?
v	멋	쟁	이	는		잘	난		척	하	고		꼭
꼭		숨	어		있	다	가		그	만		날	이

예2 (0)

	모	두	들		정	신	없	이		달	렸	어	요.
그	런	데		멋	쟁	이	가		보	이	지		않
아	요.		어	디	에		있	는		걸	까	요	?
멋	쟁	이	는		잘	난		척	하	고		꼭	꼭	v
숨	어		있	다	가		그	만		날	이		밝

108

예1 (x)

화성은 중세 이전에도 하늘을 관측하던 과학자들에게 ✓매우 중요한 천체였다. 화성은 밝게 빛나는 붉은 별이기에 많은 사람이 관심을 ✓가졌다. 1976년 미국의 바

예2 (0)

화성은 중세 이전에도 하늘을 관측하던 과학자들에게✓매우 중요한 천체였다. 화성은 밝게 빛나는 붉은 별이기에 많은 사람이 관심을 가졌다. 1976년 미국의 바이

글을 읽고 다음에 예쁘게 따라 써 봅시다.

국어 나-214쪽

오성과 한음

어느 날 아침, 한음이 오성의 집에 놀러 왔습니다. 오성의 집 마당에 있는 큰 감나무에는 빨간 감이 탐스럽게 열려 있었습니다. 이 감나무 가지는 담 너머 옆집인 권 판서 댁까지 뻗어 있었습니다.

"야, 저 감 참 맛있겠다!"

한음이 담 너머에 있는 감을 가리키며 말했습니다. 오성은 한음의 마음을 알아채고 감을 따려고 했습니다.

"우리 집 감을 왜 허락도 없이 따려고 하시오?"

옆집 하인이 말했습니다.

"무슨 말인가? 우리 감나무에 달린 감이야."

"도련님 댁 감이라고요? 그건 우리 감이에요. 보시다시피 우리 집으로 가지가 넘어왔잖아요."

옆집 하인이 그쪽으로 넘어간 감나무가지를 자기네 것이라고 우기며 감을 따지 못하게 했습니다.

"그런 경우가 어디 있나? 그 감은 우리 것이네. 아무리 담 너머로 가지가 넘어갔어도 감나무는 우리 집에서 심고 가꾸었기 때문이야.”

오성은 어이없다는 듯이 옆집 하인에게 말했습니다.

“무슨 좋은 방법이 없을까?”

✏️ 글씨를 예쁘게 따라 써 봅시다.

오성과 한음

어느 날 아침, 한

음이 오성의 집에

놀러 왔습니다. 오성

의 집 마당에 있는

큰 감나무에는 빨간

감이 탐스럽게 열려

있었습니다. 이 감나

무 가지는 담 너머

무		가	지	는		담		너	머
옆	집	인		권		판	서		댁
옆	집	인		권		판	서		댁
까	지		뻗	어		있	었	습	니
까	지		뻗	어		있	었	습	니
다	.								
다	.								
	"	야	,	저		감		참	
	"	야	,	저		감		참	

맛있겠다! "

맛있겠다! "

한음이 담 너머에

한음이 담 너머에

있는 감을 가리키며

있는 감을 가리키며

말했습니다. 오성은

말했습니다. 오성은

글씨를 예쁘게 따라 써 봅시다.

한음의　마음을　알아
한음의　마음을　알아

채고　감을　따려고
채고　감을　따려고

했습니다.
했습니다.

"우리　집　감을
"우리　집　감을

왜　허락도　없이

116

왜 허락도 없이

따려고 하시오?"
따려고 하시오?"

옆집 하인이 말했
옆집 하인이 말했

습니다.
습니다.

"무슨 말인가?
"무슨 말인가?

글씨를 예쁘게 따라 써 봅시다.

우리 감나무에 달
우리 감나무에 달

린 감이야. ”
린 감이야. ”

“도련님 댁 감이
“도련님 댁 감이

라고요? 그건 우
라고요? 그건 우

리 감이에요. 보시

리 감이에요. 보시

다시피 우리 집으

다시피 우리 집으

로 가지가 넘어왔

로 가지가 넘어왔

잖아요. ”

잖아요. ”

옆집 하인이 그쪽

✏️ 글씨를 예쁘게 따라 써 봅시다.

	옆집	하인이	그쪽
으로	넘어간	감나무
으로	넘어간	감나무
가지를	자기네	것이
가지를	자기네	것이
라고	우기며	감을
라고	우기며	감을
따지	못하게	했습니
따지	못하게	했습니

120

다.

다.

"그런 경우가 어

"그런 경우가 어

디 있나? 그 감

디 있나? 그 감

은 우리 젓이네,

은 우리 젓이네,

글씨를 예쁘게 따라 써 봅시다.

아무리 담 너머로
아무리 담 너머로

가지가 넘어갔어도
가지가 넘어갔어도

감나무는 우리 집
감나무는 우리 집

에서 심고 가꾸었
에서 심고 가꾸었

기 때문이야. "

기 때문이야."

오성은 어이 없다
오성은 어이 없다
는 듯이 옆집 하인
는 듯이 옆집 하인

에게 말했습니다.
에게 말했습니다.

"무슨 좋은 방법
"무슨 좋은 방법

8. 대화쓰기(1)

'대화는 한 칸 들여써야 합니다. 그리고 대화가 아닌 문장, 설명문 등은 그 규칙에 따라 써야 합니다.

예1 (0)

	"	우	리		집		감	을		왜		허	락
	도		없	이		따	려	고		하	시	오	? "
옆	집		하	인	이		말	했	습	니	다	.	
	"	무	슨		말	인	가	?		우	리		감
	나	무	에		달	린		감	이	야	.	"	
	"	도	련	님		댁		감	이	라	고	요	? .
	그	건		우	리		감	이	에	요	.	보	시
	다	시	피		우	리		집	으	로		가	지
	가		넘	어	왔	잖	아	요	.	"			
옆	집		하	인	이		그	쪽	으	로		넘	
어	간		감	나	무		가	지	를		자	기	네

아래 예문은 '대화는 한 칸 들여써야 하는 규칙'을 어기고
일반문장을 쓰듯 썼기 때문에 잘못 되었습니다.

예2 (x)

"우리 집 감을 왜 허락도
없이 따려고 하시오?"
　옆집 하인이 말했습니다.
"무슨 말인가? 우리 감나
무에 달린 감이야."
"도련님 댁 감이라고요?,
그건 우리 감이에요. 보시다
시피 우리 집으로 가지가
넘어왔잖아요."
　옆집 하인이 그쪽으로 넘
어간 감나무 가지를 자기네
것이라고 우기며 감을 따지

125

9.대화쓰기(2)

대화는 큰 따옴표(" ")로 나타내며, 짧아도 한 대화가 끝나면 줄을 바꿔 씁니다.

예1 (x)

		"	장	군	아	,		내	가		좀		도	와	줄

		까	?	"		만	복	이	가		물	었	어	.	

예2 (0)

		"	장	군	아	,		내	가		좀		도	와	줄

		까	?	"											

	만	복	이	가		물	었	어	.						

예3 (x)

		"	네	가		뭘		도	와	줘	?	"		장

군	이	는		눈	을		치	켜	뜨	고		만	복

이	를		노	려	보	았	어	.					

예4 (O)

	"	네	가		뭘		도	와	줘	?	"		
	장	군	이	는		눈	을		치	켜	뜨	고	
만	복	이	를		노	려	보	았	어	.			

대화가 끝나고 설명하는 글이 이어질 때, 설명하는 글은 줄을 따로 잡아 씁니다. 여기서는 줄의 첫째칸 모두 잘못 썼습니다.

예5 (x)

"	너		나	한	데		죽	고		싶	어		이
게		어	디	서		잘	난		척	이	야	."	
만	복	아	는		또		코	피	가		터	졌	어	.

예6 (O)

	"	너		나	한	데		죽	고		싶	어	
	이	게		어	디	서		잘	난		척	이	야	."
	만	복	아	는		또		코	피	가		터	졌

2018 개편 국어 교과서

원고지 쓰기를 겸한
글씨 바로 쓰기 3-1

초판 발행 2018년 4월 15일

글 편집부

펴낸이 서영희 | **펴낸곳** 와이 앤 엠

편집 임명아

본문인쇄 신화 인쇄 | **제책** 세림 제책

제작 이윤식 | **마케팅** 강성태

주소 120-100 서울시 서대문구 홍은동 376-28

전화 (02)308-3891 | Fax (02)308-3892

E-mail yam3891@naver.com

등록 2007년 8월 29일 제312-2007-00004호

ISBN 978-89-93557-85-5 63710

본사는 출판물 윤리강령을 준수합니다.